[redacted] COLLEGE

D0597506